LK." 28.

LA CRISE ALIMENTAIRE

ET

L'IMMIGRATION DES TRAVAILLEURS ÉTRANGERS

A L'ILE DE LA RÉUNION

QUESTIONS COLONIALES

LA CRISE ALIMENTAIRE

ET

L'IMMIGRATION

DES

TRAVAILLEURS ÉTRANGERS

A L'ILE DE LA RÉUNION

PARIS

TYPOGRAPHIE MORRIS ET COMPAGNIE

64, RUE AMELOT, 64

1859

LA CRISE ALIMENTAIRE

ET

L'IMMIGRATION DES TRAVAILLEURS ÉTRANGERS

A L'ILE DE LA RÉUNION

L'insuffisance et la cherté des denrées alimentaires à la Réunion ont décidé M. le gouverneur Darricau à nommer une Commission [1] pour en rechercher les causes et en favoriser la production. Cette Commission a fait un bon travail sur la question qu'elle a été chargée d'examiner; mais le mérite en est parfois altéré par de regrettables erreurs.

Pour n'avoir plus qu'à le démontrer disons, tout d'abord, que nous partageons son opinion sur la nécessité de subdiviser en arrondissements les grandes communes, dont l'étendue fait souffrir beaucoup d'intérêts; d'avoir de nouvelles voies de communication partout où cela est possible; de fonder des caisses d'épargne à l'imitation de celles de la métropole; de préférer le partage des successions en nature aux licitations sans urgence bien démontrée; de répartir l'eau d'une manière mieux entendue; d'établir des magasins de débit dans les lieux de production éloignés qui les réclament; de faire une plus sage application du décret du 13 février 1852; de prendre d'efficaces mesures de police à l'égard des

---

[1] Cette Commission était composée de MM. Gibert des Molières, *président,* Chassériau, et Imhaus, *rapporteur.*

bazardiers ; et enfin, d'augmenter les récompenses annuellement accordées aux travailleurs laborieux qui se font remarquer par une conduite exemplaire.

Sur tous ces points importants on ne peut adresser que des éloges à la Commission. Il est seulement dommage qu'elle ait oublié de signaler, en même temps, tout ce vagabondage dont la répression serait si désirable, et ces défrichements faits sans nul discernement, que nous ne savons comment qualifier pour en donner une idée juste.

Si les pluies sont aujourd'hui moins abondantes à la Réunion, c'est que les forêts qui les retiennent ont été, pour ainsi dire, toutes abattues. On n'en poursuit pas moins la destruction, au lieu d'en respecter les restes et de reboiser ces superficies dénudées impropres à la canne, comme aux plantes nourricières qui croissent même dans les terres de la plus médiocre qualité.

Il est encore dommage que la Commission n'ait pas appelé l'attention du gouvernement de la colonie sur les localités où il n'y a ni rivières, ni sources. En établissant de bons barrages dans l'encaissement des ravines ordinairement sèches, on conserverait assez d'eau pluviale pour les besoins journaliers de la vie, et même pour des irrigations assez considérables et d'un grand prix.

Revenons à notre point de départ.

Il y a pénurie de denrées alimentaires à la Réunion et, de plus, une élévation exorbitante dans leurs prix. C'est malheureusement incontestable. Mais quelle en est la cause? C'est le premier des points sur lesquels nous sommes complétement en désaccord avec la Commission.

La colonie, ainsi qu'elle le prétend, produit-elle aujourd'hui moins de denrées alimentaires que ci-devant? Non. Mais l'on doit concevoir que ces denrées ne puis-

sent plus suffire à une consommation dont les exigences ont si prodigieusement augmenté. En effet, la population qui n'était que de cent mille âmes, s'est rapidement élevée à cent quatre-vingt mille, sans que la production ait suivi la même progression. Faut-il alors s'étonner du manque d'équilibre d'où proviennent les souffrances actuelles de la colonie?

Pour survivre à l'esclavage, heureusement aboli, la Réunion, après l'abandon de ses ateliers par les affranchis, dont la plupart font consister la liberté dans le droit de ne rien faire, a demandé des travailleurs exotiques. On les lui a donnés; mais on eût dû, en même temps, lui créer de nouvelles ressources alimentaires, qu'exigeait aussi l'arrivée, dans la colonie, de beaucoup d'Européens venus pour s'y fixer. On n'en a pas eu la prévoyance, et il résulte de là qu'il faut diviser maintenant entre plusieurs, la nourriture nécessaire à un seul.

Voilà la cause réelle de l'insuffisance et de la cherté des denrées alimentaires. Ne point l'avouer, c'est fermer les yeux à la vérité.

La Commission dit que sous le régime de l'esclavage, l'élève des animaux de basse-cour, le jardinage, la production des subsistances premières utilisaient, chez le propriétaire, beaucoup de bras impropres aux travaux qui demandent la force de l'âge. Rien de plus vrai. Mais la conséquence qu'elle en tire n'est point exacte : car l'élève des animaux de basse-cour, le jardinage, etc., n'ont point disparu à la Réunion; seulement les anciens esclaves qui y étaient attachés exercent aujourd'hui cette industrie à leur profit personnel. Il y a eu déplacement, et rien absolument de plus.

Si la Commission affirmait que, sous le régime actuel, les denrées alimentaires de cette provenance ne se vendent plus sur les marchés, ou n'y arrivent que dans une infime proportion, personne ne la contredirait. Mais prétendre que la production de ces denrées a décru parce qu'elle ne peut plus suffire à une population dont le chiffre a doublé ! c'est manquer évidemment de logique, ou avancer un fait matériellement insoutenable.

Non, encore une fois, il n'est pas vrai de dire que cette production ait diminué à la Réunion. Ce qu'il y a de positif c'est que, quoiqu'elle ait, au contraire, un peu augmenté par la précaution prise par les propriétaires ruraux d'avoir chez eux assez de légumes et d'animaux pour leurs besoins particuliers, il lui est impossible de satisfaire les besoins de consommateurs de plus en plus nombreux, avec lesquels on aurait dû la faire progresser dans une proportion convenable.

Mais là où la Commission se trompe d'une manière vraiment inconvenable, c'est lorsqu'elle parle de la grande propriété.

Elle lui reproche d'avoir contribué à la crise qui sévit à la Réunion, parce qu'elle aurait absorbé la moyenne et la petite propriété, dont la seule spéculation, paraîtrait-il, selon elle, se bornait exclusivement à la production des denrées alimentaires.

La Commission mise en demeure de produire des preuves à l'appui d'une semblable imputation serait bien embarrassée : sa plainte n'est qu'une allégation dénuée de tout fondement, ainsi que nous allons irréfutablement l'établir.

La grande propriété à la Réunion s'est formée d'acquisitions successives ; nous ne le nions pas. Ce que nous repoussons de toutes nos forces, c'est l'ambition qu'on lui prête de vouloir tout posséder à elle seule sans s'inquiéter de la misère qui pourrait en résulter

pour les masses ! La grande propriété n'a jamais été
dominée par ce monstrueux égoïsme, et ses acquisitions
ont toujours été faites dans la mesure des exigences de
ses usines. Ces exigences ne sont point certainement
sans limites.

Si l'on en croyait la Commission, la grande propriété aurait constamment acheté de faibles superficies
de terres préférablement à des étendues plus spacieuses.
C'est tout à fait inexact : elle a toujours recherché, au
contraire, ces dernières, parce qu'elles sont relative-
ment beaucoup moins chères, et que, d'un autre côté,
elles ne mettent pas l'acheteur dans l'obligation d'avoir
à traiter avec une foule de vendeurs plus ou moins diffi-
cultueux.

Quand la grande propriété n'a point agi ainsi, c'est
qu'elle n'a pu faire autrement ; c'est qu'alors elle s'est
trouvée dans la nécessité de faire disparaître des en-
claves du milieu de ses champs, ou d'éloigner des voi-
sins tracassiers, intéressés à l'être. Mais que de sacrifices ne lui a-t-il pas fallu faire dans ce cas ?... Quant
à ceux qui en ont profité, ils n'ont eu que la peine
d'acheter un peu plus loin, avec le simple produit de
leur vente, dix fois plus de terres qu'ils n'en possé-
daient. S'il y avait à s'apitoyer sur le compte de quel-
qu'un, qui faudrait-il plaindre ici ?

Il semblerait, en vérité, qu'il n'y a plus ni moyenne
ni petite propriété à la Réunion ; qu'elles seraient toutes
deux fondues dans la grande au détriment du bien-être
public ! Nous concevons d'autant moins de semblables
exagérations, qu'elles n'apportent aucun soulagement à
la situation pénible à laquelle il faut remédier : la tâche
que la Commission avait à remplir n'était certainement
pas de mêler à ses recherches des incriminations au
moins regrettables.

Certes, la petite et la moyenne propriété ne restent pas toujours dans les mêmes mains ; mais cette mutabilité n'est point inhérente à leur nature, et la grande propriété n'en est pas plus exempte qu'elles.

Loin d'être l'objet d'une coupable convoitise par la grande propriété, la moyenne et la petite excitent, au contraire, sa sollicitude. Ainsi, elle ne refuse jamais de *manipuler* leurs cannes, souvent à l'exclusion des siennes propres, et toujours elle leur offre d'utiliser, à leur profit particulier, les terres fatiguées par la culture de la canne, et qui demandent du repos.

Cette plante emprunte beaucoup au sol ; aussi faut-il que d'autres cultures la remplacent, après cinq années ordinairement, pour que les sels qu'elle lui enlève puissent se renouveler. Trois autres années d'assolement sont nécessaires à cette régénération, dont l'effet est de laisser continuellement de vastes champs en disponibilité pour les plantes nourricières.

L'on alterne avec la culture de la canne celles du manioc, du maïs et des plantes lugumineuses. Mais malheureusement la moyenne et la petite propriété ne peuvent s'y livrer faute de bras à bon marché, et le pauvre, que la grande propriété appelle également à en tirer parti, ne s'y livre pas non plus, parce qu'il lui est impossible d'exercer assez de surveillance, pour empêcher les maraudeurs de lui enlever presque la totalité du fruit de son travail.

Quand la moyenne et la petite propriété trouveront un avantage réel à répondre à l'appel généreux de la grande, et à se livrer, sur leur domaine propre, à la production des denrées alimentaires, elles ne feront pas autre chose ; mais elles ne jouiront de cet avantage que lorsqu'il leur sera possible de se procurer des engagés, comme ci-devant, à des prix de cession de deux cent

cinquante francs, terme moyen, au lieu de mille à dix
sept cents francs auxquels ces prix s'élèvent aujour-
d'hui. D'ici là, il leur faudra planter des cannes, dont
l'entretien n'exige point la location continuelle du tra-
vailleur, ou ne rien faire ; telle est l'alternative dans
laquelle ces propriétés se trouvent actuellement placées.
Quant au pauvre laborieux, il ne pourra également répondre à l'appel de la grande propriété que le jour où
de bonnes mesures de police lui permettront de récolter
ce qu'il ensemencera.

Lorsque l'on est obsédé par une idée fixe, le raison-
nement s'en ressent inévitablement. Ainsi, qu'est-ce
que la Commission propose pour mettre une barrière
aux prétendus envahissements de la grande propriété?
C'est de cultiver la moyenne et la petite en plantes précieuses, lesquelles, leur donnant beaucoup de valeur,
les lui rendront inabordables.

Mais à quelle époque pourra-t-on juger de l'efficacité
de ce moyen préservateur? Probablement lorsque, pour
un motif ou pour un autre, elles seront mises en vente.
Eh bien! qu'est-ce qui aura lieu alors entre des enché-
risseurs dont les uns seront riches et les autres sans
fortune? Que ces derniers ne pourront pas nécessaire-
ment soutenir une lutte trop inégale pour triompher,
et se retireront complétement battus. Est-ce évident?
Nous raisonnons, d'ailleurs, dans l'hypothèse d'une ri-
valité qui n'est fort heureusement qu'imaginaire.

Si la Commission n'exprime pas explicitement le
vœu de voir la moyenne et petite propriété couvertes
de plantes précieuses, c'est-à-dire de cafiers, girofliers,
arbres fruitiers, jardinage, etc., afin que l'habitant
sucrier qui n'achète que pour détruire, selon elle, soit
arrêté par une plus-value en disproportion, croit-elle,
avec les bénéfices de son industrie, sa pensée est si

claire à cet égard, qu'on ne peut lui donner une autre interprétation? Mais hélas ! nous n'avons pas à le prouver de nouveau, c'est là une barrière qu'il franchirait bien facilement, s'il était réellement dévoré de l'odieuse ambition dont on l'accuse gratuitement.

« Que de veuves avec des enfants mineurs, s'écrie la Commission, eussent vécu heureuses et tranquilles sur une portion du domaine de la famille, et qui, ruinées par des placements imprudents, ou entraînées par les séductions de la ville à des dépenses déraisonnables, errent aujourd'hui sans foyers domestiques ! »

C'est, en effet, un tableau bien déchirant! Mais au lieu d'attribuer ce déplorable état de choses à des causes que nous nous dispenserons d'examiner, et principalement à l'abus des ventes par licitation, la Commission ajoute : « Que de propriétés pourvues des éléments de l'aisance, et même de la richesse, ont complétement disparu, à la suite de ventes par licitation, *pour devenir l'annexe d'un établissement de sucrerie, et être, dès lors, envahies par la canne !* »

C'est toujours la même idée fixe. Si on s'en laissait trop impressionner, on expulserait volontiers cet atroce roseau, comme les juifs chassaient le bouc émissaire dans le désert, après l'avoir chargé des malédictions et des iniquités d'Israël. Et cependant, quand la Réunion a vu périr ses cafeteries et ses girofleries à la suite d'ouragans successifs et de maladies dont on n'a pu les préserver, c'est la canne qui est venue à son secours et a pu lui rendre son ancienne prospérité ; c'est incontestablement la canne qui l'a faite la plus productive et la plus commerçante de nos colonies.

Ensuite, si l'on n'avait été subjugué par des préoccupations inouïes, on se serait aperçu que cette plante, à qui la colonie a dû son salut, n'a jamais couvert plus de la vingtième partie de son territoire cultivable ; et plutôt moins que plus. On en aurait facilement la preuve.

Si nous sommes d'une opinion diamétralement opposée à celle de la Commission lorsqu'elle exhale des plaintes dénuées de fondement à l'endroit de la grande propriété, nous sommes d'accord avec elle lorsqu'elle tient ce langage : « Les cultures secondaires ne pourront être ressucitées (augmentées eût-il fallu dire) que si l'on trouve le moyen de combattre le fléau qui paralyse maintenant toutes les exploitations rurales : la cherté des bras. Ce qu'il faut avant tout pour que l'agriculture se développe, c'est un nombre suffisant de travailleurs à des prix de cession raisonnables : contre la cherté des engagements viendront échouer tous les efforts. »

Oui, assurément, ce qu'il faut avant tout à la colonie pour que ses cultures grandes, moyennes et petites, ainsi que ses diverses autres industries, puissent fleurir et s'accroître encore, c'est un nombre suffisant de travailleurs à des prix de cession raisonnables. Mais il lui serait impossible, pour sortir de la crise dans laquelle elle se débat douloureusement, d'attendre sans péril qu'ils lui arrivent plus tard. C'est au mal présent qu'il faut d'abord remédier, si l'on ne veut qu'il devienne une véritable calamité publique.

Si des denrées alimentaires, en quantité suffisante, sont absolument indispensables à la colonie à l'instant même, allons donc de suite chercher à Madagascar les viandes, les riz, les légumes secs, les grains nourriciers qui y surabondent. Nous ne pensons pas qu'il faille user de violence pour qu'il nous livre, à prix d'argent, l'excédant de ce qu'il faut à sa consommation. Mais s'il le fallait cependant, la France serait assez forte pour imposer sa volonté à des hostilités qui ne pourraient provenir que d'uu mauvais vouloir.

Cela fait, comment sera-t-il possible ensuite de procurer des travailleurs à bon marché à la Réunion? Ce ne sera point en continuant de les recruter en Asie : on sait quelles sommes énormes ils coûtent à cette colonie. Il serait même sage de ne pas trop compter sur l'émigration des coolies ; d'abord, parce que l'Inde sera longtemps encore un foyer de troubles et de révolutions, et que, d'un autre côté, l'Angleterre en gênera ou en prohibera la sortie dès que la prospérité de nos colonies lui portera ombrage.

C'est à contre-cœur que nous nous exprimons ainsi, parce que nous voudrions que l'alliance anglo-française fût à jamais indissoluble ; mais ne serait-ce pas se faire gratuitement illusion, que de croire que l'Angleterre puisse subitement renoncer à une politique sur laquelle repose sa supériorité commerciale ? Nous ne dirons point que cette politique soit machiavélique ; mais nous sommes forcés de reconnaître qu'un intérêt exclusif en constitue le principal mobile. D'ailleurs, tous les cabinets britanniques, indistinctement, whigs ou torys, mis en demeure de s'expliquer sur des questions d'une solution éventuelle, ont invariablement déclaré, l'un après l'autre, qu'ils ne prendraient conseil, en toute circonstance, que de l'intérêt de l'Angleterre. On ne saurait donc nous reprocher les défiances que nous éprouvons, lorsque la France entre en concurrence avec l'Angleterre, surtout dans les matières coloniales.

Ainsi, quelle que puisse être l'issue des événements de l'Hindoustan, nous devons avoir recours à d'autres contrées pour l'enrôlement des travailleurs dont nos colonies ont besoin.

Pour les Antilles, c'est à la côte occidentale

d'Afrique qu'il faut les prendre ; pour la Réunion, c'est à la côte orientale et à Madagascar.

On songe encore aux Chinois ! Mais l'essai qui en a été fait a donc inutilement prouvé qu'ils sont trop vicieux individuellement pour n'être pas dangereux partout où ils sont réunis en assez grand nombre [1] ?

Si l'on nous disait que tous les Chinois ne sont pas également pervers, nous répondrions qu'il n'en est pas d'estimables qui fussent disposés à s'expatrier pour vendre leur travail à nos colonies. Le bon Chinois abandonne rarement ses foyers, et, quand il s'en éloigne, c'est toujours afin de se livrer pour son propre compte à des spéculations commerciales.

Qu'on se le persuade bien, tous ces Chinois, qu'il est possible d'enrôler par masse pour être exportés, sont d'exécrables sujets ; aussi espérons-nous que les colonies n'en seront jamais infestées. D'ailleurs, tout dépravés qu'ils sont, leur passage, leur nourriture, leur entretien, leurs salaires, et enfin leur prix de cession occasionnent des dépenses que les colonies ne pourraient couvrir sans sacrifices ruineux.

Mais puisqu'il ne s'agit uniquement ici que de la Réunion, pourquoi donc ne pas renoncer aux coolies et aux Chinois, lorsque cette colonie est entourée de travailleurs qu'il lui serait si facile d'avoir aux conditions les plus avantageuses ? Madagascar la touche, et tout près sont les côtes orientales d'Afrique. C'est de ces contrées voisines qu'il faut extraire les bras qui lui sont absolument nécessaires.

---

[1] Ce serait s'exposer à d'amères déceptions que d'écouter ceux qui préconisent l'émigration chinoise : les uns se trompent de bonne foi peut-être ; mais les autres agissent dans un intérêt purement égoïste. Il faut y prendre garde ! Les archives judiciaires de la Réunion fourniraient au besoin des preuves contre les Chinois de cette catégorie, et viendraient à l'appui de notre allégation.

Il paraîtrait qu'un ou deux navires, ayant cependant à bord des surveillants officiels, auraient employé des moyens frauduleux pour y faire des chargements d'émigrants. La Réunion ne pouvait les en empêcher, et il serait souverainement injuste de l'accuser d'avoir connivé avec eux. Elle ne demande et ne veut que des travailleurs qui s'engagent librement, elle applaudira toujours aux mesures qui seront prises contre tout trafic ayant quelque analogie avec la traite des noirs, et jamais elle ne trouvera qu'on puisse être trop sévère envers ceux qui sont assez osés pour se livrer encore aujourd'hui à cet infâme commerce, au mépris de la civilisation du dix-neuvième siècle! Longtemps avant l'abolition de l'esclavage, elle repoussait, même à coup de fusil, les navires négriers qui s'emplissaient de malheureux captifs, dans le canal de Mozambique et chez les Portugais notamment. Comment supposer alors que la Réunion leur serait plus favorable à notre époque où ses mœurs et ses aspirations ne diffèrent en rien des mœurs et des aspirations de la mère-patrie?

On a dit que les individus, traduits devant les assises de la Réunion pour ces quasi-délits de traite, avaient reçu, de la part de la population, après leur acquittement, de si chaleureux compliments, qu'ils équivalaient à une véritable ovation. Nous nous inscrivons en faux contre un pareil bruit : nos compatriotes, peu démonstratifs ordinairement, n'auraient pu sortir de leur état naturel que pour faire le contraire de ce qu'on leur prête. Si donc des témoignages de sympathie se sont manifestés publiquement à la suite d'un verdict d'acquittement, dont ils pressentaient trop les fâcheux effets pour y applaudir, il faut en accuser ces turbulents qui s'ingénient sans cesse pour faire du scandale : ils sont les mêmes dans tous les pays du monde.

L'acquittement qui a eu lieu a plongé la colonie dans une profonde consternation, voilà ce qui est exactement vrai ; et nous sommes convaincu qu'il lui en sera tenu compte avant longtemps. N'ayant rien à se reprocher, elle ne manquera point, d'ici là, ni de confiance, ni de résignation.

Quant au commerce maritime, ne serait-ce pas le rendre solidaire de ce qui se serait passé d'ignominieux à la côte d'Afrique ou à Madagascar, que de lui interdire à jamais, et pour cette raison, la faculté d'y recruter légalement des travailleurs ? Et ne serait-ce pas là aussi exposer la colonie de la Réunion, tout innocente qu'elle est, et à qui ce commerce fournit des bras, à une stérilité prochaine dont la métropole ressentirait la première les funestes effets ?

La civilisation ne fait point de progrès en Afrique. Cette vaste contrée de l'ancien continent est encore plongée dans une affreuse barbarie, dont l'humanité gémit. Le moyen le plus propre à la policer, c'est d'y provoquer une large émigration : ses habitants, venant tour à tour fertiliser nos champs, rapporteraient dans leurs foyers, avec le fruit de leur labeur, des semences civilisatrices qui y germeraient peu à peu. Si l'on n'a pas recours à ce moyen, à la fois efficace et facile, les Africains resteront éternellement dans leur malheureux état primitif, et les colonies pourraient bien être arrêtées dans leur nouvel essor.

Ce n'est pas en abandonnant les Africains à leurs instincts sauvages qu'ils deviendront jamais un peuple civilisé. On ne comprendrait plus rien à la philanthropie s'il fallait absolument les enfermer chez eux par amour pour l'humanité.

Nous voilà rendu à la fin de notre tâche. Nous avons l'espoir que la Commission ne nous saura pas mauvais gré d'avoir relevé les erreurs qui nuisent à son travail. Elle regrettera, nous en avons l'espoir aussi, d'avoir injustement attaqué la grande propriété, à l'ombre de laquelle, du moins à la Réunion, la moyenne et la petite propriété et toutes les industries ont heureusement vécu jusqu'à ce jour, et jouiront de beaucoup d'aisance quand la main-d'œuvre sera plus abondante et moins chère.

La Commission s'est non-seulement trompée sur la véritable cause de l'insuffisance et de la cherté des denrées alimentaires, mais elle s'est, de plus, parfois laissée aller à une argumentation imprudente : il n'y avait pas lieu d'établir entre la grande propriété et celles qui sont également dignes du plus haut intérêt, un antagonisme irritant et dangereux. C'est la bonne harmonie et non la division qu'il est désirable de voir exister entre elles ; et, certes, il sera impossible d'obtenir cet heureux état de choses si l'on proclame que la grande propriété veut tout absorber au détriment de la moyenne et de la petite.

Un mot encore.

La Commission a parlé de reconstituer la petite et moyenne propriété ; c'est d'en augmenter le nombre qu'elle a voulu dire. Eh bien ! que propose-t-elle pour atteindre ce but ? Le morcellement de la grande culture. Tel est le sens, si ce ne sont pas les termes précis de cette partie de son travail : il n'y a pas à s'y méprendre.

Ce morcellement viendait tout naturellement si de grands désastres accablaient la grande culture. Certes, la Commission ne les souhaite point ; car autrement ce serait le plus complet anéantissement de la colonie qu'elle désirerait. Que serait, en effet, celle-ci si elle ne produisait que des denrées alimentaires ? Un point insignifiant dans l'Océan indien bientôt abandonné et oublié !

Nous connaissons particulièrement les membres de la Commission ; aussi ne doutons-nous point de la pureté de leurs intentions. Nous n'attribuons donc les écarts qui affaiblissent leur travail qu'aux éblouissements que leur a occasionnés les doléances produites par les nombreux besoins alimentaires en souffrance.

Quoi qu'il en soit, sans s'arrêter aux opinions de la Commission, ce que chacun de nous doit vivement désirer, c'est le développement progressif de la grande culture, qui, loin d'être exclusive, favorise tous les intérêts agricoles et industriels groupés autour d'elle ; c'est que ce développement prenne assez d'extension pour que l'importance commerciale de la colonie la rende de plus en plus précieuse à la métropole; c'est que la mesure qui prive l'île de la Réunion des engagés africains et malgaches, par la seule faute des contrebandiers échappés à la justice criminelle puisse être prochainement rapportée; c'est qu'il soit fait à la Réunion, comme à Madagascar, aux autres points français situés à l'est du cap de Bonne-Espérance, partout enfin où notre pavillon a flotté avec l'éclat qu'il a recouvré, tous les efforts possibles afin que la mère-patrie ressaisisse, sous le règne providentiel et réparateur de S. M. Napoléon III, la prépondérance maritime et commerciale, qui lui avait été enlevée, avec tant d'autres éléments de puissance et de gloire nationales, par la dilapidation des finances de l'État, le traité désastreux de 1763 et les bouleversements révolutionnaires.

Ce n'est point, selon nous, sans de puissants motifs que l'Empereur a créé un ministère de l'Algérie et des colonies, pour le confier à Son Altesse Impériale le prince Napoléon, dont les lumières et le patriotisme inspirent à tous une juste et complète confiance. Ce choix illustre est significatif : il décèle l'énergique volonté de Sa Majesté, non de nuire aux intérêts coloniaux des autres nations, mais d'élever les nôtres au degré de prospérité le plus haut. Les colonies, il faut l'avouer, sont encore en butte à d'affligeantes préventions ; mais le temps les dissipera. Qu'elles ne se découragent donc point, qu'elles ne doutent pas de la sollicitude du Prince-Ministre, et pénètrent bien le sens de ces nobles paroles de l'Empereur, aussi rassurantes pour la France d'outre-mer que pour la France continentale :

« Lorsque, soutenu par le vœu et le sentiment populaires, on monte les degrés d'un trône, on s'élève, par la plus grave des responsabilités, au-dessus de la région infime où se débattent les intérêts vulgaires, et l'on a pour premiers mobiles comme pour derniers juges : Dieu, sa conscience et la postérité. »

A. FITAU,

Conseiller colonial de 1834 à 1848.

Paris. — Typ. Morris et Comp., rue Amelot, 64.